职业培训包开发技术规程（试行）

中华人民共和国人力资源和社会保障部职业能力建设司编制

中国劳动社会保障出版社

图书在版编目(CIP)数据

职业培训包开发技术规程：试行/人力资源和社会保障部职业能力建设司编制.
—北京：中国劳动社会保障出版社，2016

ISBN 978-7-5167-2651-8

Ⅰ.①职… Ⅱ.①人… Ⅲ.①职业培训-技术规范-中国 Ⅳ.①C975-65

中国版本图书馆 CIP 数据核字(2016)第 146874 号

中国劳动社会保障出版社出版发行

（北京市惠新东街 1 号 邮政编码：100029）

*

北京虎彩文化传播有限公司印刷装订 新华书店经销

787 毫米×1092 毫米 16 开本 3.5 印张 32 千字

2016 年 11 月第 1 版 2019 年 8 月第 3 次印刷

定价：12.00 元

读者服务部电话：（010） 64929211/84209101/64921644

营销中心电话：（010） 64962347

出版社网址：http://www.class.com.cn

说　明

为贯彻落实《国民经济和社会发展第十三个五年规划纲要》《国务院关于进一步做好新形势下就业创业工作的意见》（国发〔2015〕23 号），推动建立国家基本职业培训包制度，2016 年 10 月，人力资源社会保障部办公厅印发《关于推进职业培训包工作的通知》（人社厅发〔2016〕162 号）。人力资源社会保障部职业能力建设司会同相关单位，开展专项课题研究，进行了广泛调研，在此基础上组织有关专家制定了《职业培训包开发技术规程（试行）》（以下简称《规程》）。

本《规程》是职业培训包开发工作的技术规范、程序标准和工作指南，旨在确立职业培训包开发技术路径，指导开发职业培训包，形成以综合职业能力培养为核心、以技能水平评价为导向的职业技能培训体系，进一步规范职业培训过程管理，切实提高职业培训质量，为建立与实施国家基本职业培训包制度提供技术服务。

本《规程》的制定是在参照国家职业标准基础上，充分考虑了职业岗位工作实际需求与职业培训教学规律，突出职业培训过程要求的具体化；同时兼顾了科技进步与职业发展的需要，拓宽职业培训规范的延展性；严格遵循相关国家标准的要求，力求编写体例、文字表述的规范化。

在本《规程》制定过程中，人力资源社会保障部职业能力建设司组织专门人员和有关专家开展了《规程》制定、研讨和集中评审工作。参加制定与研讨的主要人员有：张立新、张斌、王晓君、韩智力、王霄、项声闻、杨奕、张伟、赵欢、吕红文、贾芹芹、张晓梅、闫毅平、陈琳、石峰、高文、郑丽媛、肖明、赵锋、兰洁、胡芳颖、孙亚。参加评审的主要人员有：蔡兵、陈卫军、陈蕾、李树岭、杨振江、张元、彭向东、郑敏、马芳芳、王美萍、高静、潘小慈、张丽娟、赵志群、胡永强、詹青龙、杨金国、刘海光。

目　录

1 总则

1.1 目的

本规程旨在确立职业培训包开发技术路径，指导开发职业培训包，形成以综合职业能力培养为核心、以技能水平评价为导向的职业培训体系，进一步规范职业培训过程管理，切实提高职业培训质量，为建立与实施国家基本职业培训包制度提供技术服务。

1.2 适用范围

本规程规定了职业培训包的结构内容、编写表述及格式要求，并提供了编写体例。本规程适用于基本职业培训包和地方（行业）特色职业培训包的开发。

依据本规程开发的职业培训包适用于开展职业培训的职业培训机构、职业院校（技工院校）、公共实训中心、就业训练中心等。开展政府补贴职业培训的相关教育培训机构，应依据本规程开发的职业培训包实施培训。

1.3 职业培训包定义

职业培训包是为加强职业培训标准化管理，结合新经济、新产业、新职业发展，依据国家职业标准和企业岗位技术规范，针对某一职业（工种）开发的集培训目标、培训要求、培训内容、教学资源、考核大纲等为一体的职业培训资源总和，是职业培训机构对劳动者开展职业培训服务的工作规范和指南。

1.4 开发原则

1.4.1 科学性原则

职业培训包开发应以就业为导向，以职业活动为主线，遵循技能人才成长和职业能力发展规律；以国家职业标准为参照，以职业岗位典型工作任务为载体，以综合职业能力培养为核心，遵循职业特征，结合职业的变化与延展，科学提出培训要求；根据培训学员特点，以培训学员认知规律为指导，遵循职业培训教学理论与规律，科学设置课程规范；以技能水平评价为导向，客观评价过程性学习效果与终结性培训成果，科学制定考核评估规范。

1.4.2 通用性原则

职业培训包开发应兼顾全国各地区职业培训需求，满足各级各类职业培训机构开展职业培训的实际需要。

1.4.3 灵活性原则

职业培训包包含该职业各个技能等级、不同职业功能模块的各级各类课程，便于不同培训学员按照模块化、菜单式原则灵活选择自身需要的培训课程，适应培训学员个性化的培训需求。

1.4.4 创新性原则

职业培训包开发应充分体现职业岗位技能要求与技术发

展新趋势，适应新技术、新工艺、新设备、新材料发展要求；以当代先进职业培训课程开发理念为引领，创新职业培训方法；有效利用新技术、新手段，开发能够满足职业培训实际需求的、具有创新性的职业培训教学与学习资源。

1.4.5 规范性原则

职业培训包开发所用的术语、符号、体例等应符合国家有关标准、技术规范和约定俗成的表述，内容、结构、格式应符合本规程要求，文字表述精炼准确。

2 结构

2.1 总体结构

职业培训包按职业划分，一个职业一个培训包。每个职业培训包由指南包、课程包、资源包三个子包构成。职业培训包结构如图 1 所示。

指南包是职业培训包指导性、服务性内容总合；课程包是职业培训包根本性、核心性内容总合；资源包是依据课程包内容开发的职业培训资源总合。

2.2 指南包

指南包是指导培训机构、培训教师与学员使用职业培训包进行职业培训的服务性内容总合，包括职业培训包使用指南、职业指南和培训机构设置指南。职业培训包使用指南是

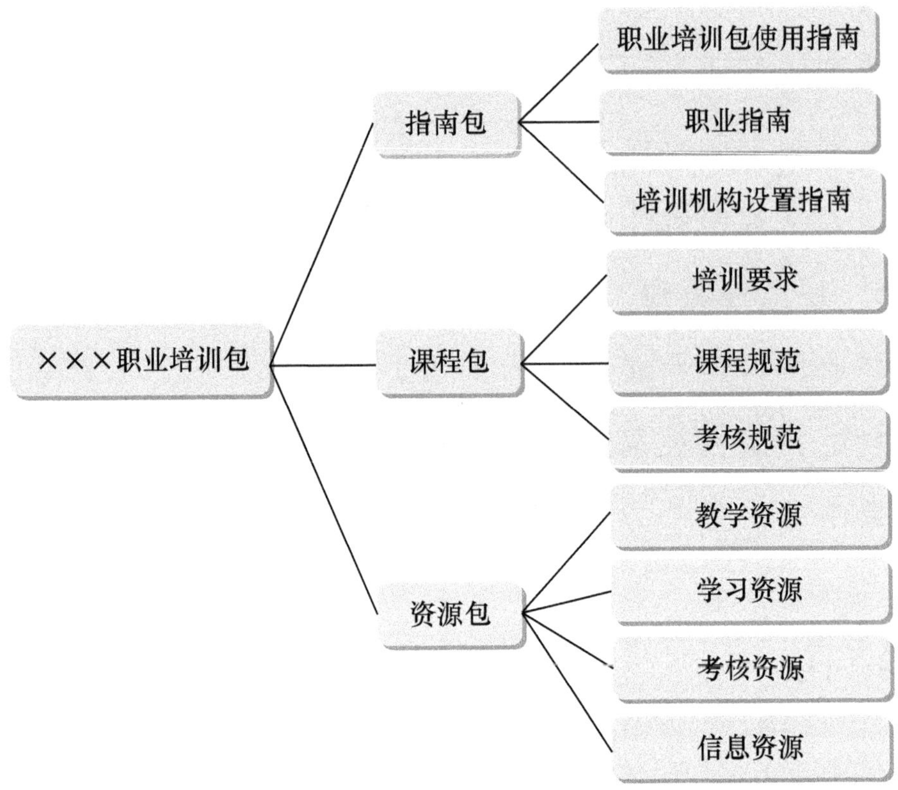

图 1 职业培训包结构图

培训教师与学员了解职业培训包内容、选择培训课程、使用培训资源的说明性文本，职业指南是对职业信息的概述，培训机构设置指南是对培训机构开展职业培训提出的具体要求。

2.3 课程包

课程包是培训机构与教师实施职业培训、培训学员接受职业培训必须遵守的规范总合，包括培训要求、课程规范、考核规范。培训要求是参照国家职业标准、结合职业岗位工作实际需求制定的职业培训规范。课程规范是依据培训要求、结合职业培训教学规律，对课程设置、培训学时、课程内容与培训方法等所做的统一规定。考核规范是针对课程规范中所规定的课程内容开发的，能够科学评价培训学员过程性学习效果与终结性培训成果的规则，是客观衡量培训学员职业基本素质与职业技能水平的标准，也是实施职业培训过程性与终结性考核的依据。

2.4 资源包

资源包是依据课程包要求，基于培训学员特征，遵循职业培训教学规律，应用先进职业培训课程理念，开发的多媒介、多形式的职业培训与考核资源总合，包括教学资源、学习资源、考核资源和信息资源。教学资源是为培训教师组织实施职业培训教学活动提供的相关资源；学习资源是为培训学员学习职业培训课程提供的相关资源；考核资源是为培训机构和教师实施职业培训考核提供的相关资源；信息资源是为培训教师和学员拓展视野提供的体现科技进步、职业发展的相关动态资源。

3 内容及编制要求

（注：以下内容请对照第 19 页“5 附则：职业培训包编写体例”阅读。）

3.1 指南包

3.1.1 职业培训包使用指南

职业培训包使用指南包括职业培训包结构与内容、培训课程体系介绍、培训课程选择指导、各类资源使用说明等内容。

（1）职业培训包结构与内容：概要介绍职业培训包总体框架结构及包含的具体内容。这部分内容为统一通用文本，具体参见“5 附则：职业培训包编写体例”。

（2）培训课程体系介绍：具体列出本职业培训包课程规范中的全部模块、课程、学习单元和相应培训学时。

（3）培训课程选择指导：具体指导培训机构教师、学员根据实际情况选择本职业培训包的培训课程。

（4）各类资源使用说明：具体介绍本职业培训包资源包中各类教学资源、学习资源、考核资源、信息资源的主要内容和使用方法。

3.1.2 职业指南

职业指南主要包括职业描述、职业培训对象、培训课程、就业前景等内容。

（1）职业描述：直接引用《中华人民共和国职业分类大典（2015 年版）》中的职业描述内容。

（2）职业培训对象：概括描述参加职业技能培训的人群大类。这部分内容为统一通用文本，具体参见“5 附则：职业培训包编写体例”。

（3）就业前景：主要介绍两部分内容，一是该职业从业人员所涉及的工作岗位，这部分内容可参考《中华人民共和国职业分类大典（2015 年版）》中该职业所包含工种和本职业所对应的实际工作岗位撰写；二是现阶段该职业从业人员数量、社会需求状况、就业方向等内容，这部分内容的撰写必须严谨，须标明出处及数据来源。

3.1.3 培训机构设置指南

培训机构设置指南应具体描述培训机构开设不同技能等级职业培训的师资配备要求、培训场所设备配置要求、教学资料配备要求、管理人员配备要求、管理制度要求等内容。

（1）师资配备要求：具体包括教师任职基本条件与教师数量要求等内容。

教师任职基本条件：根据各职业实际情况可以提出以下要求，即学历要求、相关专业技术职务任职资格或国家职业资格等级要求、教师上岗资格证要求、从事本职业工作年限要求等。

教师数量要求：应根据职业特性，结合职业培训实际，核定标准培训班学员数量；再依据标准培训班学员数量确定相应师资配比。具体叙述方式参见“5 附则：职业培训包编写体例”。

（2）培训场所设备配置要求：分为理论知识培训场所和

操作技能培训场所，分别从场地条件、设备条件、安全条件三方面进行描述。

理论知识培训场所设备配置要求：场地条件主要描述每个标准培训班理论知识培训场所面积下限、学员人均理论知识培训场所面积下限等要求；设备条件主要描述多媒体教学设备（计算机、投影仪、幕布或显示屏、网络接入设备及网络带宽、音响设备）、黑板、桌椅数量等要求；安全条件主要描述照明与通风条件、出入畅通等要求。

操作技能培训场所设备配置要求：场地条件主要描述满足每个标准培训班操作技能实训教学需要的场所面积下限和充足的实习工位要求、学员人均操作技能培训场所面积下限等要求；设备条件主要从名称、规格、数量等方面列表描述操作技能实训教学场地及工位需要配备的设备、仪器、工具、材料清单等要求；安全条件主要描述照明与通风条件、环保与劳保、安全与卫生、出入畅通等要求。

（3）教学资料配备要求：具体描述开展该级别职业培训教学所需配备的培训要求、课程规范、考核规范、相关教材及参考资料等内容。

（4）管理人员配备要求：具体包括管理人员任职基本条件与数量要求等。管理人员任职基本条件根据各职业实际情况可以提出以下要求，即学历要求、相关专业技术职务任职资格或国家职业资格等级要求、职业培训教学管理工作经验要求等。管理人员数量要求与职业培训规模相适应。

（5）管理制度要求：具体要求培训机构建立健全教学管理、教师管理、学员管理、财务管理、设备管理等制度。

3.2 课程包

3.2.1 培训要求

培训要求编制是参照国家职业标准要求，结合职业岗位工作实际，对照该职业基本要求与工作要求，进行职业岗位工作任务分析，形成职业培训具体要求的过程。培训要求的编制过程是将国家职业标准要求结合岗位工作实际细化为职业培训要求的重要环节，也是职业培训包开发的基础工作。

（1）培训要求的内容：具体包括职业基本素质培训要求和职业技能培训要求。职业基本素质培训要求是参照国家职业标准中的“2. 基本要求”，同时结合职业岗位工作实际，基于准初级水平提出的职业基本素质培训具体要求，为各级别通用的培训要求。职业技能培训要求是将国家职业标准中“3. 工作要求”的技能要求作为职业技能培训所要达到的技能目标，通过细化将这些技能目标分解为具体的培训细目。培训细目是经过细分后的技能要求，相对于国家职业标准中的技能要求更加具体、明确，并可根据职业岗位工作实际情况适当增加或修改，即大于等于国家职业标准要求。职业技能培训要求按照职业技能等级编制。

（2）培训要求的编制流程：培训要求的编制要在科学解

读国家职业标准要求基础上，做好职业岗位工作实际情况调研。培训要求编制工作流程图如图 2 所示。

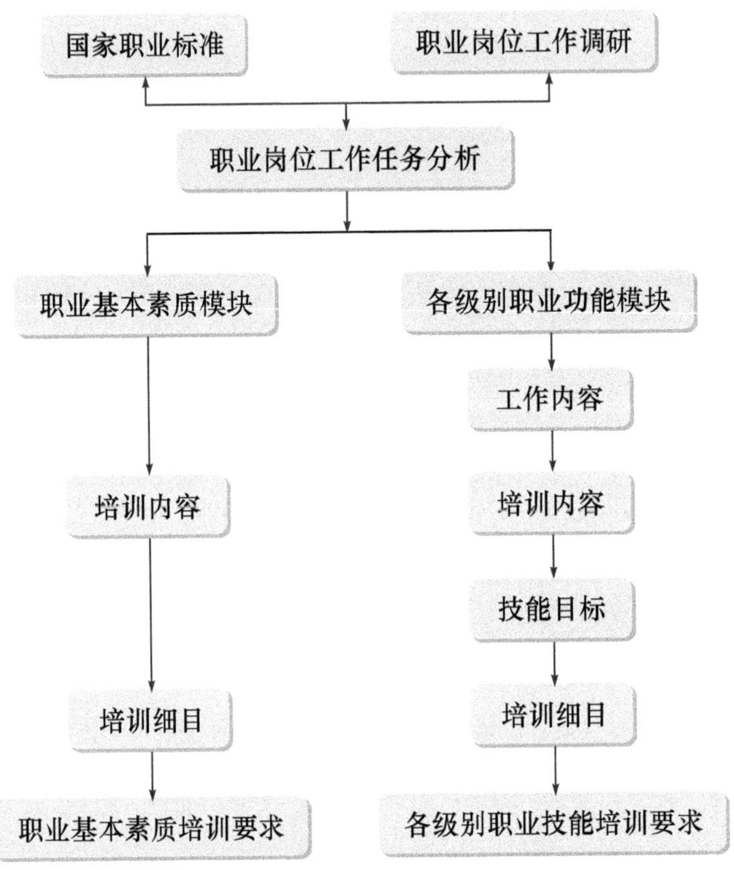

图 2　培训要求编制工作流程图

职业岗位工作任务分析是在参照国家职业标准要求和职业岗位工作调研基础上，梳理职业岗位各项工作任务的工作内容、工作过程、操作规程、质量标准等，分析从业人员完成职业岗位各项工作任务必须具备的职业基本素质、操作技能、相关知识等，从而梳理出职业基本素质模块、各级别职业功能模块与工作内容。

认真分析该职业各级别从业人员所需具备的通用职业基本素质内容，与该职业从业人员完成各级别岗位工作任务所需具备的相关知识要求严格区分，细化各职业基本素质模块的培训内容与培训细目，完成职业基本素质培训要求编制。

将各级别职业功能模块中的各项工作内容作为培训内容，归纳确立各项培训内容要求培训学员所要达到的技能目标，在该技能目标的指引下，细化出职业技能培训细目，完成各级别职业技能培训要求编制。

3.2.2 课程规范

课程规范编制是以培训要求为依据，对照培训要求中的培训细目，设置培训课程的学习单元与具体课程内容，同时明确培训建议与培训学时的过程。课程规范的编制过程是将培训细目要求转化为具体课程内容要求的重要环节，也是职业培训包的核心内容。课程规范包括职业基本素质培训课程规范和职业技能培训课程规范。

（1）职业基本素质培训课程规范：依据职业基本素质培训要求编制，将职业基本素质培训要求中的职业基本素质模块作为课程规范中的一个课程模块，将职业基本素质培训要求中的培训内容作为该模块中的课程，对照职业基本素质培训要求中的培训细目，依据职业培训教学规律，梳理出每项课程下的具体学习单元与课程内容，并详细规定培训建议与培训学时。职业基本素质培训要求与课程规范对应图如图3

所示。

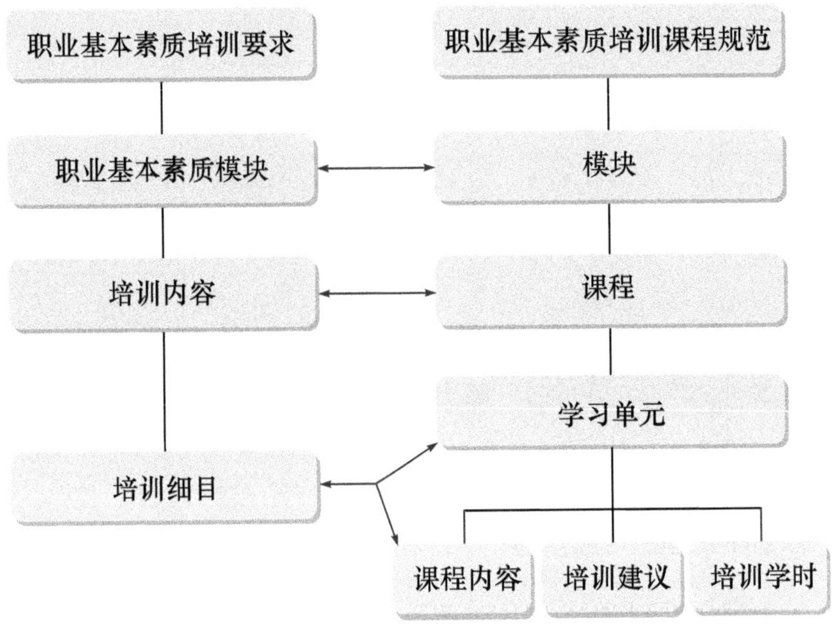

图 3　职业基本素质培训要求与课程规范对应图

职业基本素质培训课程规范应基于准初级水平编制。职业基本素质培训课程为初级的必修课程，其培训学时包含于初级培训期限内；对于中级及以上级别为选修或自学课程，不占用培训期限内培训学时。

（2）职业技能培训课程规范：依据职业技能培训要求编制，是以职业技能培训要求中的职业功能模块作为课程规范中的一个课程模块，以职业技能培训要求中的培训内容作为该模块中的课程，依据职业技能培训要求中的培训细目及职业培训教学规律，对职业技能培训要求中的技能目标进行结构性整合与拆分，梳理出每项课程下的具体学习单元与课程内容，并详细规定培训建议与培训学时。职业技能培训课程规范按照职业技能等级编制。各级别职业技能培训要求与课程规范对应图如图 4 所示。

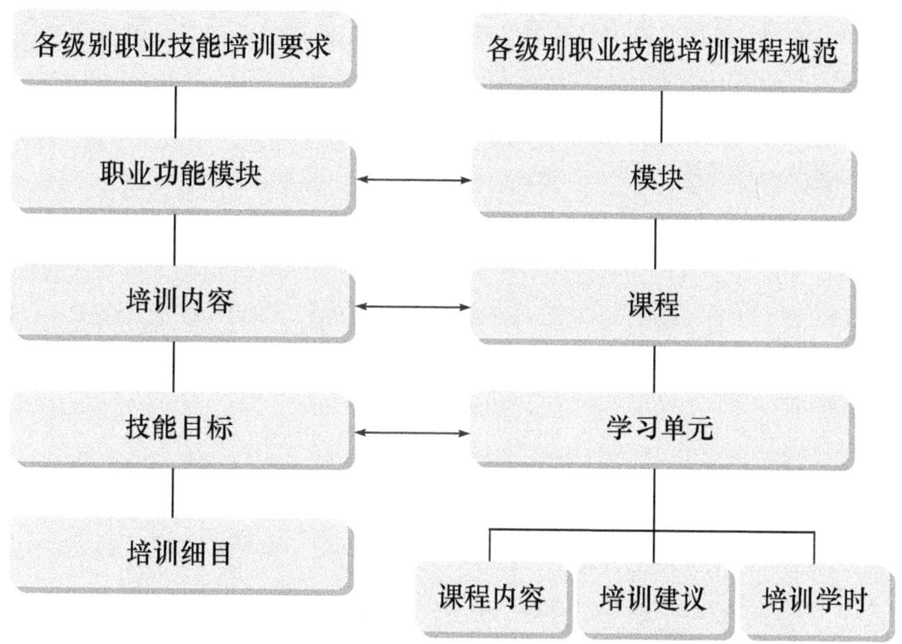

图 4 各级别职业技能培训要求与课程规范对应图

3.2.3 培训要求与课程规范对照编制方法

培训要求与课程规范是职业培训包的核心内容，二者存在较为严格的对应关系，在编制培训要求与课程规范过程中可采取对照编制的方法，具体对照表格式参见“5 附则：职业培训包编写体例”。

3.2.4 考核规范

考核规范编制是以课程规范为依据，对照课程规范中的模块、课程和学习单元，确定考核规范的考核范围、考核内容与考核单元，再依据课程规范中的课程内容梳理出考核细目，同时明确考核比重与重要程度的过程。考核规范具体包括职业基本素质培训考核规范和职业技能培训考核规范；职业技能培训考核规范按职业技能等级编制，各级别职业技能培训考核规范又分为理论知识考核规范和操作技能考核规范。

3.3 资源包

3.3.1 教学资源

教学资源是为培训教师组织实施职业培训教学活动提供的相关资源，具体包括培训方案、教案、教学参考书、网络教学资源等。

（1）培训方案：培训方案编制是在培训学员特征分析基础上，对课程规范中的模块、课程及学习单元进行选取和重新组合，形成定制菜单，并依据定制菜单进行培训方案设计的过程。培训方案是培训机构教师组织开展职业培训的直接依据，由培训机构教师根据培训学员特征与需求等实际情况自行编制。培训方案应包括培训学员特征与需求分析、培训目标、培训课程列表、培训条件等内容。

（2）教案：与课程包课程规范中的学习单元对应，一个学习单元编制一个教案。教案由培训机构教师根据课程包中的培训规范与课程规范要求，以及培训学员实际情况自行编制。教案应包括学习单元名称、培训学时、培训目标、培训过程、培训重点难点及解决方法、培训用具及设备设施等内容。

（3）教学参考书：视情况编写，主要包括教案、教材习题解答、课件光盘等，编写后正式出版供培训机构及教师使用。教学参考书也包括其他教学辅助性参考图书。因容量庞大，职业培训包中只列出具体教学参考书名称及相关信息。

（4）网络教学资源：主要包括培训课程课件、教学案例、图片、动画、音视频资料、微课、网络课程等，通过搭建培训服务平台、采取用户注册等方式供培训机构及教师使用。职业培训包中列出培训服务平台名称与网址、网络教学资源使用与下载方法等。

3.3.2 学习资源

学习资源是为培训学员学习职业培训课程提供的相关资源，具体包括教材教辅、网络学习资源等。

（1）教材教辅：教材教辅严格依据课程包中的培训要求与课程规范编写，是开展职业培训的核心学习资源，是职业培训包的重要组成部分。教材教辅分级别编写，正式出版供培训机构教师及学员使用。因容量庞大，职业培训包中只列出具体教材教辅名称及相关信息。

（2）网络学习资源：主要包括微课、网络课程、模拟试卷等，通过搭建培训服务平台、采取用户注册等方式供培训学员学习与检测使用。职业培训包中列出培训服务平台名称与网址、网络学习资源使用与下载方法等。

3.3.3 考核资源

考核资源是为培训机构和教师实施职业培训考核提供的

相关资源，具体包括考核题库等内容。通过搭建培训服务平台、采取用户注册等方式供培训机构与教师使用。职业培训包中列出考核题库名称，以及培训服务平台名称与网址、考核题库使用与下载方法等。

3.3.4 信息资源

信息资源是为培训教师和学员拓展视野提供的相关动态资源，如职业领域发展动态，新技术、新工艺、新设备、新材料信息及应用案例展示等。通过搭建培训服务平台、采取用户注册等方式供培训机构与学员使用。职业培训包中列出培训服务平台名称与网址、信息资源使用与下载方法等。

4 开发工作流程

职业培训包内容庞大、资源丰富、开发过程复杂，其开发工作需分步骤实施，具体工作流程如图 5 所示。

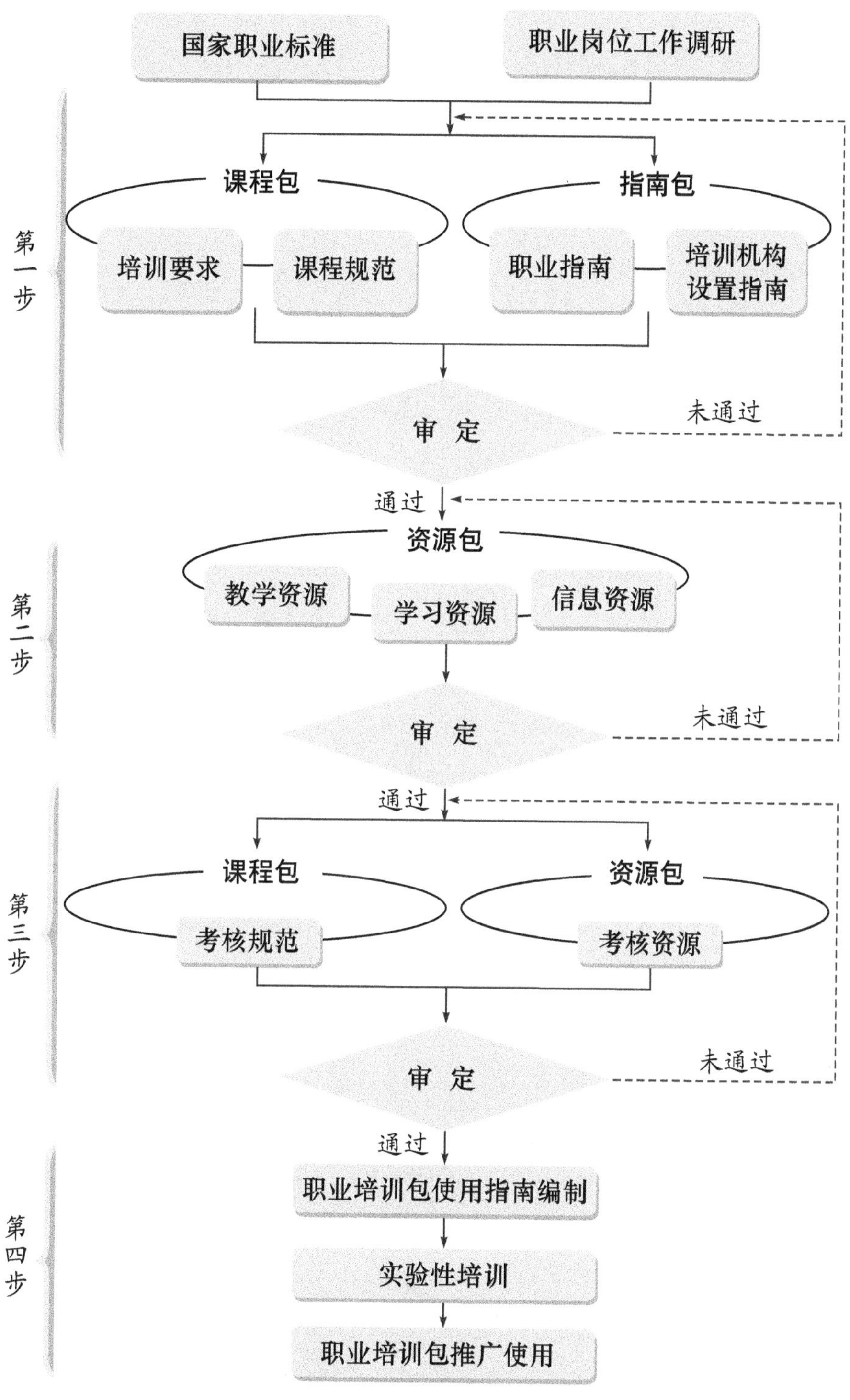

图 5　职业培训包开发工作流程图

5 附则

职业培训包编写体例

目 录

1　指南包

（大标题，居中占一页，黑体，小初号字，下同）

1.1 职业培训包使用指南（标题，顶格，黑体，小2号字，本级标题另页，下同）

1.1.1 职业培训包结构与内容（小标题，顶格，黑体，4号字，下同）

（正文，1.5倍行距，段首空2格，仿宋，4号字，下同）×××（职业名称）职业培训包由指南包、课程包、资源包三个子包构成，结构如图6所示：

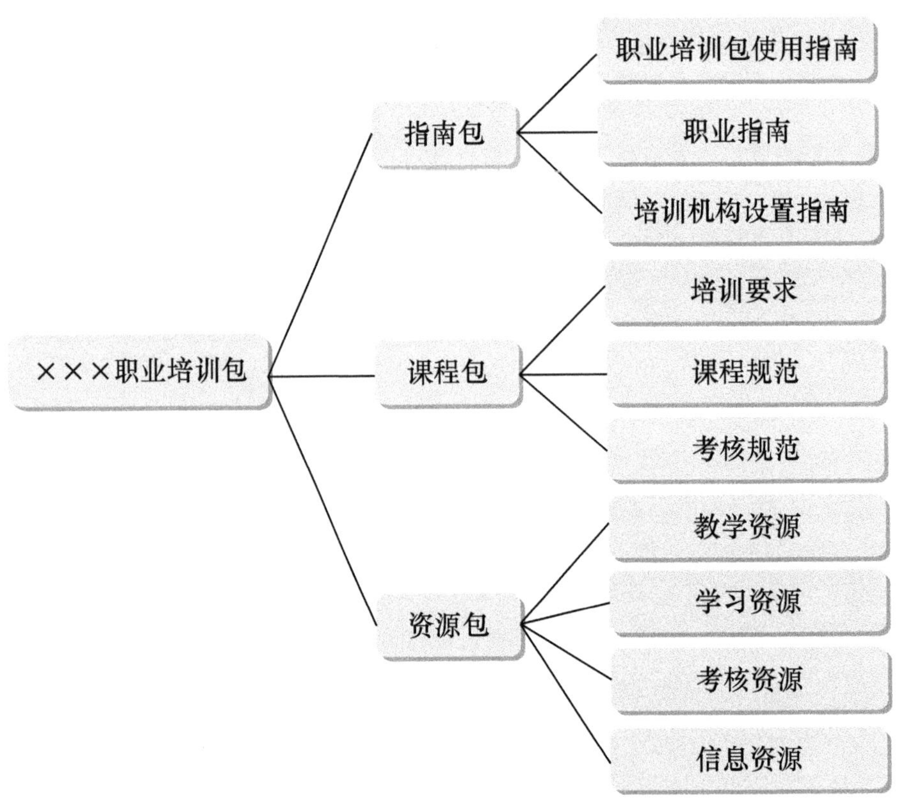

图6 职业培训包结构图

指南包是指导培训机构、培训教师与学员使用职业培训包进行职业培训的服务性内容总合，包括职业培训包使用指南、职业指南和培训机构设置指南。职业培训包使用指南是培训教师与学员了解职业培训包内容、选择培训课程、使用培训资源的说明性文本，职业指南是对职业信息的概述，培训机构设置指南是对培训机构开展职业培训提出的具体要求。

课程包是培训机构与教师实施职业培训、培训学员接受职业培训必须遵守的规范总合，包括培训要求、课程规范、考核规范。培训要求是参照国家职业标准、结合职业岗位工作实际需求制定的职业培训规范。课程规范是依据培训要求、结合职业培训教学规律，对课程设置、培训学时、课程内容与培训方法等所做的统一规定。考核规范是针对课程规范中所规定的课程内容开发的，能够科学评价培训学员过程性学习效果与终结性培训成果的规则，是客观衡量培训学员职业基本素质与职业技能水平的标准，也是实施职业培训过程性与终结性考核的依据。

资源包是依据课程包要求，基于培训学员特征，遵循职业培训教学规律，应用先进职业培训课程理念，开发的多媒介、多形式的职业培训与考核资源总合，包括教学资源、学习资源、考核资源和信息资源。教学资源是为培训教师组织实施职业培训教学活动提供的相关资源；学习资源是为培训学员学习职业培训课程提供的相关资源；考核资源是为培训机构和教师实施职业培训考核提供的相关资源；信息资源是为培训教师和学员拓展视野提供的体现科技进步、职业发展的相关动态资源。

1.1.2 培训课程体系介绍

（1）×××（职业名称）职业基本素质培训课程

模块	课程	学习单元	培训学时
1.×××××	1-1×××××	（1）×××××	……
		（2）×××××	……
		……	……
	1-2×××××	……	……
	……	……	……
2.×××××	……	……	……

（2）×××（职业名称）初级职业技能培训课程

……

（3）×××（职业名称）中级职业技能培训课程

……

（4）×××（职业名称）高级职业技能培训课程

……

（5）×××（职业名称）技师职业技能培训课程

……

（6）×××（职业名称）高级技师职业技能培训课程

……

1.1.3 培训课程选择指导

××××××××××××××××××××××××××××××××××……。

1.1.4 各类资源使用说明

××××××××××××××××××××××××××××××××××……。

1.2 职业指南

1.2.1 职业描述

××。

1.2.2 职业培训对象

参加×××职业培训的人群主要包括：城乡未继续升学的应届初高中毕业生、农村转移就业劳动者、城镇登记失业人员、转岗转业人员、退役军人、企业在职职工和高校毕业生，以及其他各类有培训需求的人员。

1.2.3 就业前景

××××××××××……。

1.3 培训机构设置指南

1.3.1 师资配备要求

（1）教师任职基本条件：××××××××××××××××××××××××××……。

（2）教师数量要求：××（职业名称）×级职业培训标准培训班学员数量原则确定为××人/班，每个标准培训班配备教师×名；培训规模超过××人的，教师与学员数量之比应不低于×：××。

1.3.2 培训场所设备配置要求

（1）理论知识培训场所设备配置要求：×××××……。

（2）操作技能培训场所设备配置要求：×××××……。

1.3.3 教学资料配备要求

（1）×××××××××××……。

（2）×××××××××××……。

……

1.3.4 管理人员配备要求

（1）管理人员任职基本条件：×××××……。

（2）管理人员数量要求：×××××……。

1.3.5 管理制度要求

×××××××××××……。

2 课程包

2.1 培训要求

2.1.1 ×××（职业名称）职业基本素质培训要求

职业基本素质模块	培训内容	培训细目
1. ×××××	1－1×××××	（1）××××× （2）××××× （3）××××× ……
	1－2×××××	……
	……	……
2. ×××××	……	……
……	……	……

注：

1. 职业基本素质培训要求表格中“职业基本素质模块”栏目内容对应于国家职业标准“2. 基本要求”的各标题，可根据实际情况做适当增删及结构整合，此处删除的基本要求内容要移至相应级别职业技能培训要求中。

2. 职业基本素质培训要求表格中“培训内容”栏目内容对应于国家职业标准“2. 基本要求”的具体内容，可根据实际情况做适当增删及结构整合，此处删除的基本要求内容要移至相应级别职业技能培训要求中。

3. 职业基本素质培训要求表格中“培训细目”栏目内容是对各项培训内容的细化，是对各项职业基本素质培训提出的具体要求。

2.1.2 ×××（职业名称）初级职业技能培训要求

<table>
<tr><th>职业功能模块</th><th>培训内容</th><th>技能目标</th><th>培训细目</th></tr>
<tr><td rowspan="5">1.×××××</td><td rowspan="3">1—1×××××</td><td>1—1—1×××××</td><td>(1) ×××××
(2) ×××××
(3) ×××××
……</td></tr>
<tr><td>1—1—2×××××</td><td>……</td></tr>
<tr><td>……</td><td>……</td></tr>
<tr><td>1—2×××××</td><td>……</td><td>……</td></tr>
<tr><td>……</td><td>……</td><td>……</td></tr>
<tr><td>2.×××××</td><td>……</td><td>……</td><td>……</td></tr>
<tr><td>……</td><td>……</td><td>……</td><td>……</td></tr>
</table>

注：

1. 初级职业技能培训要求表格中“职业功能模块”“培训内容”“技能目标”各栏目内容对应于国家职业标准“3. 工作要求”的“职业功能”“工作内容”“技能要求”，可根据职业岗位工作实际情况做适当增加及结构整合。

2. 初级职业技能培训要求表格中“培训细目”栏目内容是对各项技能目标内容的细化，是经过细分后的技能要求，是对各项职业技能培训提出的具体要求。根据实际情况，一项技能目标可以细化为一项或若干项培训细目。

2.1.3 ×××（职业名称）中级职业技能培训要求

2.1.4 ×××（职业名称）高级职业技能培训要求

2.1.5 ×××（职业名称）技师职业技能培训要求

2.1.6 ×××（职业名称）高级技师职业技能培训要求

2.2 课程规范

2.2.1 ×××（职业名称）职业基本素质培训课程规范

<table>
<tr><th>模块</th><th>课程</th><th>学习单元</th><th>课程内容</th><th>培训建议</th><th>培训学时</th></tr>
<tr><td rowspan="8">1.×××</td><td rowspan="6">1－1×××</td><td rowspan="4">（1）×××</td><td>1）×××</td><td rowspan="4">（1）×××××
（2）×××××
（3）×××××
……</td><td rowspan="4">……</td></tr>
<tr><td>2）×××</td></tr>
<tr><td>3）×××</td></tr>
<tr><td>……</td></tr>
<tr><td>（2）×××</td><td>……</td><td>……</td><td>……</td></tr>
<tr><td>……</td><td>……</td><td>……</td><td>……</td></tr>
<tr><td>1－2×××</td><td>……</td><td>……</td><td>……</td><td>……</td></tr>
<tr><td>……</td><td>……</td><td>……</td><td>……</td><td>……</td></tr>
<tr><td>2.×××</td><td>……</td><td>……</td><td>……</td><td>……</td><td>……</td></tr>
<tr><td>……</td><td>……</td><td>……</td><td>……</td><td>……</td><td>……</td></tr>
<tr><td colspan="5">培训学时合计</td><td>……</td></tr>
</table>

注：

1. 职业基本素质培训课程规范表格中“模块”“课程”栏目内容分别对应于职业基本素质培训要求中“职业基本素质模块”和“培训内容”。

2. 职业基本素质培训课程规范表格中“学习单元”栏目内容是依据职业基本素质培训要求中的“培训细目”及职业培训教学规律，对课程内容进行的结构性梳理与拆分，可以梳理拆分成一个或若干个学习单元。职业基本素质培训课程规范中的学习单元大部分为基本知识学习单元，但也包含部分基本技能学习单元。

3. 职业基本素质培训课程规范表格中“课程内容”栏目是学习单元的具体内容，是学习单元的最小知识点或最小技能点，也是职业基本素质培训课程规范的核心内容。

4. 职业基本素质培训课程规范表格中“培训建议”栏目内容对应“学习单元”进行编制，主要包括培训方法建议、培训重点难点建议等。如果相邻的几个学习单元培训建议相同，可合并叙述。培训建议内容可根据各学习单元实际调整。

5. 职业基本素质培训课程规范表格中“培训学时”栏目内容对应“学习单元”进行编制，每个学习单元应在1个培训学时以上。鉴于职业基本素质培训课程规范是基于准初级水平编制，因此职业基本素质培训学时合计应依据国家职业标准初级培训期限要求及配分比重，同时结合职业培训实际综合确定。各学习单元培训学时依据课程内容含量及重要程度确定。

2.2.2 ×××（职业名称）初级职业技能培训课程规范

<table>
<tr><th>模块</th><th>课程</th><th>学习单元</th><th>课程内容</th><th>培训建议</th><th>培训学时</th></tr>
<tr><td rowspan="5">1.×××</td><td rowspan="5">1-1×××</td><td rowspan="4">(1) ×××</td><td>1) ×××</td><td rowspan="4">(1) ×××××
(2) ×××××
(3) ×××××
……</td><td rowspan="4">……</td></tr>
<tr><td>2) ×××</td></tr>
<tr><td>3) ×××</td></tr>
<tr><td>……</td></tr>
<tr><td>(2) ×××</td><td>……</td><td>……</td><td>……</td></tr>
</table>

续表

模块	课程	学习单元	课程内容	培训建议	培训学时
1. ×××	1－1×××	……	……	……	……
	1－2×××	……	……	……	……
	……	……	……	……	……
2. ×××	……	……	……	……	……
……	……	……	……	……	……
培训学时合计					……

注：

1. 初级职业技能培训课程规范表格中“模块”“课程”栏目内容分别对应于初级职业技能培训要求中“职业功能模块”和“培训内容”。

2. 初级职业技能培训课程规范表格中“学习单元”栏目内容是依据初级职业技能培训要求中的“培训细目”及职业培训教学规律，对初级职业技能培训要求中的“技能目标”进行的结构性整合与拆分。根据实际情况，可以是一项技能目标梳理拆分成一个或若干个学习单元，可以是多项技能目标整合为一个学习单元，也可以是属于同一项培训内容的几项技能目标梳理拆分成若干个学习单元，即包含“一对一、一对多、多对一、多对多”四种情况。职业技能培训课程规范中的学习单元既可以是知识学习单元，也可以是技能学习单元。

3. 初级职业技能培训课程规范表格中“课程内容”栏目是学习单元的具体内容，是知识或技能学习单元的最小知识点或最小技能点，也是初级职业技能培训课程规范的核心内容。

4. 初级职业技能培训课程规范表格中“培训建议”栏目内容对应“学习单元”进行编制，主要包括培训方式方法建议、培训重点难点建议等。如果相邻的几个学习单元培训建议相同，可合并叙述。培训建议内容可根据各学习单元实际调整。

5. 初级职业技能培训课程规范表格中“培训学时”栏目内容对应“学习单元”进行编制，每个学习单元应在1个培训学时以上。初级职业技能培训学时合计应依据国家职业标准初级培训期限要求及配分比重，同时结合职业培训实际综合确定。各学习单元培训学时依据课程内容含量及重要程度确定。

2.2.3 ×××（职业名称）中级职业技能培训课程规范

2.2.4 ×××（职业名称）高级职业技能培训课程规范

2.2.5 ×××（职业名称）技师职业技能培训课程规范

2.2.6 ×××（职业名称）高级技师职业技能培训课程规范

2.3 培训要求与课程规范对照表

2.3.1 职业基本素质培训要求与课程规范对照表

<table>
<tr><th colspan="3">2.1.1 职业基本素质培训要求</th><th colspan="4">2.2.1 职业基本素质培训课程规范</th></tr>
<tr><th>职业基本素质模块（模块）</th><th>培训内容（课程）</th><th>培训细目</th><th>学习单元</th><th>课程内容</th><th>培训建议</th><th>培训学时</th></tr>
<tr><td rowspan="10">1. ×××××</td><td rowspan="8">1—1×××××</td><td rowspan="8">(1) ×××××
(2) ×××××
(3) ×××××
……</td><td rowspan="4">(1) ×××××</td><td>1) ×××××</td><td rowspan="4">(1) ×××××
(2) ×××××
(3) ×××××
……</td><td rowspan="4">……</td></tr>
<tr><td>2) ×××××</td></tr>
<tr><td>3) ×××××</td></tr>
<tr><td>……</td></tr>
<tr><td rowspan="3">(2) ×××××</td><td>1) ×××××</td><td rowspan="3">……</td><td rowspan="3">……</td></tr>
<tr><td>2) ×××××</td></tr>
<tr><td>……</td></tr>
<tr><td>……</td><td>……</td><td>……</td><td>……</td></tr>
<tr><td>1—2×××××</td><td>……</td><td>……</td><td>……</td><td>……</td><td>……</td></tr>
<tr><td>……</td><td>……</td><td>……</td><td>……</td><td>……</td><td>……</td></tr>
<tr><td>2. ×××××</td><td>……</td><td>……</td><td>……</td><td>……</td><td>……</td><td>……</td></tr>
<tr><td>……</td><td>……</td><td>……</td><td>……</td><td>……</td><td>……</td><td></td></tr>
<tr><td colspan="6">培训学时合计</td><td></td></tr>
</table>

2.3.2 初级职业技能培训要求与课程规范对照表

2.1.2 ×××（职业名称）初级职业技能培训要求				2.2.2 ×××（职业名称）初级职业技能培训课程规范			
职业功能模块（模块）	培训内容（课程）	技能目标	培训细目	学习单元	课程内容	培训建议	培训学时
1. ×××	1—1×××	1—1—1×××	(1) ××× (2) ××× (3) ××× ……	(1) ×××	1) ×××	(1) ××××× (2) ××××× (3) ××××× ……	……
					2) ×××		
					3) ×××		
					……		
				(2) ×××	1) ×××	……	……
					2) ×××		
					……		
		1—1—2×××	×××××	(3) ×××	……	……	……
		……	……	(4) ×××	……	……	……
				……	……	……	……
	1—2×××	1—2—1×××	×××××	(1) ×××	1) ×××	……	……
					2) ×××		
		1—2—2×××	×××××		3) ×××		
					……		

续表

职业功能模块（模块）	培训内容（课程）	技能目标	培训细目	学习单元	课程内容	培训建议	培训学时
2. ×××	2—1×××	2—1—1×××	……	(1) ×××	……	……	……
		2—1—2×××	……	(2) ×××	……	……	……
		2—1—3×××	……	(3) ×××	……	……	……
				(4) ×××	……	……	……
	……	……	……	……	……	……	……
3. ×××	3—1×××	3—1—1×××	……	(1) ×××	……	……	……
		3—1—2×××	……		……	……	……
		3—1—3×××	……	(2) ×××	……	……	……
		3—1—3×××	……		……	……	……
		……	……	……	……	……	……
……	……	……	……	……	……	……	……
培训学时合计							……

2.3.3 中级职业技能培训要求与课程规范对照表

2.1.3 ×××（职业名称）中级职业技能培训要求				2.2.3 ×××（职业名称）中级职业技能培训课程规范			
职业功能模块（模块）	培训内容（课程）	技能目标	培训细目	学习单元	课程内容	培训建议	培训学时
……	……	……	……	……	……	……	……
培训学时合计							……

2.3.4 高级职业技能培训要求与课程规范对照表

2.1.4 ×××（职业名称）高级职业技能培训要求				2.2.4 ×××（职业名称）高级职业技能培训课程规范			
职业功能模块（模块）	培训内容（课程）	技能目标	培训细目	学习单元	课程内容	培训建议	培训学时
……	……	……	……	……	……	……	……
培训学时合计							……

2.3.5 技师职业技能培训要求与课程规范对照表

2.1.5 ×××（职业名称）技师职业技能培训要求				2.2.5 ×××（职业名称）技师职业技能培训课程规范			
职业功能模块（模块）	培训内容（课程）	技能目标	培训细目	学习单元	课程内容	培训建议	培训学时
……	……	……	……	……	……	……	……
培训学时合计							……

2.3.6 高级技师职业技能培训要求与课程规范对照表

2.1.6 ×××（职业名称）高级技师职业技能培训要求				2.2.6 ×××（职业名称）高级技师职业技能培训课程规范			
职业功能模块（模块）	培训内容（课程）	技能目标	培训细目	学习单元	课程内容	培训建议	培训学时
……	……	……	……	……	……	……	……
培训学时合计							……

2.4 考核规范

2.4.1 ×××（职业名称）职业基本素质培训考核规范

<table>
<tr><th>考核范围</th><th>考核
比重
（%）</th><th>考核内容</th><th>考核
比重
（%）</th><th>考核单元</th><th>考核
比重
（%）</th><th>考核细目</th><th>重要
程度</th></tr>
<tr><td rowspan="8">1. ×××</td><td rowspan="8">……</td><td rowspan="6">1—1×××</td><td rowspan="6">……</td><td rowspan="4">（1）×××</td><td rowspan="4">……</td><td>1）×××</td><td>……</td></tr>
<tr><td>2）×××</td><td>……</td></tr>
<tr><td>3）×××</td><td>……</td></tr>
<tr><td>……</td><td>……</td></tr>
<tr><td>（2）×××</td><td>……</td><td>……</td><td>……</td></tr>
<tr><td>……</td><td>……</td><td>……</td><td>……</td></tr>
<tr><td>1—2×××</td><td>……</td><td>……</td><td>……</td><td>……</td><td>……</td></tr>
<tr><td>……</td><td>……</td><td>……</td><td>……</td><td>……</td><td>……</td></tr>
<tr><td>……</td><td>……</td><td>……</td><td>……</td><td>……</td><td>……</td><td>……</td><td>……</td></tr>
</table>

注：

1. 考核比重合计按国家职业标准“4. 比重表”配分确定。

2. 重要程度栏目用“X”“Y”“Z”标注，“X”表示核心要素，“Y”表示一般要素，“Z”表示辅助要素。

2.4.2 ×××（职业名称）初级职业技能培训理论知识考核规范

（注：与职业基本素质培训考核规范格式相同。）

2.4.3　×××（职业名称）初级职业技能培训操作技能考核规范

考核范围	考核比重（%）	考核内容	考核比重（%）	考核形式	选考方式	考核时间（分钟）	重要程度
1.×××		1—1×××		……	……	……	……
		1—2×××		……		……	……
		……		……		……	……
……		……		……		……	……

注：

1. 考核比重合计按100%确定。

2. 考核形式具体包括实操、口试、笔试等形式。

3. 选考方式具体包括必考、选考两种方式。

4. 重要程度栏目用“X”“Y”“Z”标注，“X”表示核心要素，“Y”表示一般要素，“Z”表示辅助要素。

2.4.4　×××（职业名称）中级职业技能培训理论知识考核规范

2.4.5　×××（职业名称）中级职业技能培训操作技能考核规范

2.4.6　×××（职业名称）高级职业技能培训理论知识考核规范

2.4.7　×××（职业名称）高级职业技能培训操作技能考核规范

2.4.8　×××（职业名称）技师职业技能培训理论知识考核规范

2.4.9　×××（职业名称）技师职业技能培训操作技能考核规范

2.4.10　×××（职业名称）高级技师职业技能培训理论知识考核规范

2.4.11　×××（职业名称）高级技师职业技能培训操作技能考核规范

3　资源包

3.1 教学资源

3.1.1 培训方案

培训班名称		培训班编码	
培训学员数量		分班情况	
培训教师		培训时间	

一、培训学员特征与需求分析

××……。

二、培训目标

1. ×××××……。

2. ×××××……。

……

三、培训课程列表

1. ×××（职业名称）职业基本素质培训课程

模块	课程	学习单元	培训学时
1. ××××	1－1××××	（1）××××	……
		（2）××××	……
		……	……
	1－3××××	……	……
	……	……	……
3. ××××	……	……	……

2. ×××（职业名称）初级职业技能培训课程

……

四、培训条件

1. 培训场地与环境：×××××……。

2. 培训用具材料：×××××……。

3. 培训设备设施：×××××……。

4. 培训学习资料：×××××……。

续表

注：
1. “培训班名称”“培训班编码”栏目内容由各培训机构根据实际情况自行填写。 2. “培训学员数量”栏目内容为本期培训班培训学员总数量，“分班情况”栏目内容为具体分几个班、每班多少学员。 3. “培训教师”栏目填写全部理论知识培训与技能操作培训教师姓名。 4. “培训时间”栏目填写培训班开设起止时间，如××年×月×日—×月×日。 5. “培训学员特征与需求分析”栏目内容要基于培训学员实际情况经过认真分析后填写，是培训方案编写的基础。 6. “培训目标”指基于本期培训班培训学员特征与需求分析，通过本期培训班培训活动的实施所要达到的目的和预期效果。培训目标内容要分条目撰写，语言叙述要明确、具体。 7. “培训课程列表”是基于本期培训班培训学员特征与需求分析及培训目标，从本职业课程规范中选取的模块、课程和学习单元、培训学时列表。 8. “培训条件”是培训机构开设本期培训班所要具备的基本条件，主要包括培训场地与环境、培训用具材料、培训设备设施、培训学习资料等内容，要求分条目叙述。

3.1.2 教案

<table>
<tr><td>学习单元名称</td><td colspan="3"></td></tr>
<tr><td>所属模块名称</td><td></td><td>所属课程名称</td><td></td></tr>
<tr><td>培训类别</td><td></td><td>培训学时</td><td></td></tr>
<tr><td colspan="4">一、培训目标</td></tr>
<tr><td colspan="4">1. ×××××……。
2. ×××××……。
……</td></tr>
<tr><td colspan="4">二、培训过程</td></tr>
<tr><td colspan="4">（一）课程导入（用时××分钟）
××……。
（二）课程内容展开（用时××分钟）
1. ×××××（用时××分钟）
××……。
培训方法：×××××……。</td></tr>
</table>

续表

<table>
<tr><td>2. ×××××（用时××分钟）
××……。
培训方法：×××××……。
（三）巩固练习（用时××分钟）
××……。
（四）归纳小结（用时××分钟）
1. ×××××……。
2. ×××××……。
……
（五）作业布置（用时××分钟）
1. ×××××……。
2. ×××××……。
……</td></tr>
<tr><td>三、培训重点难点及解决方法</td></tr>
<tr><td>1. ×××××……。
2. ×××××……。
……</td></tr>
<tr><td>四、培训用具及设备设施</td></tr>
<tr><td>1. 培训用具材料：×××××……。
2. 培训设备设施：×××××……。
3. 培训学习资料：×××××……。</td></tr>
<tr><td>注：
1. “学习单元名称”栏目内容应与课程包课程规范中的学习单元名称保持一致。
2. “所属模块名称”“所属课程名称”栏目内容应与课程包课程规范中的模块名称、课程名称保持一致。
3. “培训类别”栏目内容从职业基本素质培训、初级职业技能培训、中级职业技能培训、高级职业技能培训、技师技能培训、高级技师技能培训六类培训中选填。
4. “培训学时”栏目内容原则上与课程包课程规范中的培训学时保持一致，也可根据培训学员特征分析做适当调整。
5. “培训目标”指通过该学习单元培训活动的实施所要达到的目的和预期效果。培训目标内容要分条目撰写，语言叙述要明确、具体。</td></tr>
</table>

续表

6．“培训过程”栏目内容主要包括课程导入、课程内容展开、巩固练习、归纳小结、作业布置等。课程导入内容要紧贴课程主要内容进行设计，要求新颖、精准、恰当，可采用案例导入、设疑导入等方法；课程内容展开要根据培训学员的认知规律设计结构顺序，要求步骤清晰、内容详实，同时针对不同课程内容选择和使用不同的培训方法；巩固练习内容要根据课程核心内容进行设计，要求设计精巧、难度递进；归纳小结内容要分条目叙述，要求要点清晰、内容精练；作业布置内容要与课程核心内容相联系，同时考虑拓展性。“培训过程”各部分内容均需明确所用时间。该栏目内容是学习单元教案的核心内容。 7．“培训重点难点及解决方法”栏目内容主要为该学习单元的重点难点内容及相应的具体解决方法，要求分条目叙述。 8．“培训用具及设备设施”栏目内容是实施本学习单元教学活动所要准备的相关用具等，主要包括培训用具材料、培训设备设施、培训学习资料等内容，要求分条目叙述。

3.1.3 教学参考书

（1）《职业培训包教学参考系列——×××》，×××出版社，××××年×月第×版。

（2）……。

……

3.1.4 网络教学资源

（1）培训服务平台名称与网址：××××××××××××××××……。

（2）网络教学资源使用与下载方法：×××××××××××××……。

3.2 学习资源

3.2.1 教材教辅

(1)《职业培训包教材系列——×××》，×××出版社，××××年×月第×版。

(2) ……。

……

3.2.2 网络学习资源

(1) 培训服务平台名称与网址：××××××××××××××××……。

(2) 网络学习资源使用与下载方法：×××××××××××××……。

3.3 考核资源

3.3.1 考核题库名称

（1）×××（职业名称）职业基本素质培训考核题库

（2）×××（职业名称）初级职业技能培训理论知识考核题库

（3）×××（职业名称）初级职业技能培训操作技能考核题库

（4）×××（职业名称）中级职业技能培训理论知识考核题库

（5）×××（职业名称）中级职业技能培训操作技能考核题库

（6）×××（职业名称）高级职业技能培训理论知识考核题库

（7）×××（职业名称）高级职业技能培训操作技能考核题库

（8）×××（职业名称）技师职业技能培训理论知识考核题库

（9）×××（职业名称）技师职业技能培训操作技能考核题库

（10）×××（职业名称）高级技师职业技能培训理论知识考核题库

（11）×××（职业名称）高级技师职业技能培训操作技能考核题库

3.3.2 使用方法

（1）培训服务平台名称与网址：××××××××××××××××××……。

（2）考核题库使用与下载方法：××××××××××××××××××……。

3.4 信息资源

（1）培训服务平台名称与网址：××××××××××××××××……。

（2）信息资源使用与下载方法：××××××××××××××××……。